48 Salades Hyperprotéiques pour les Bodybuilders:

Gagnez du Muscle et non pas de la Graisse, sans Lactosérum, sans Lait ou Suppléments de Protéines Synthétiques

Par

Joseph Correa

Nutritionniste Certifié des Sportifs

DROITS D'AUTEUR

© 2015 Correa Media Group

Tous droits réservés

La reproduction ou la traduction de toute partie de ce travail au-delà de ce qui est permis par l'article 107 ou 108 de la Loi de 1976 sur les droits d'auteur aux États-Unis 1976, sans l'autorisation préalable du propriétaire des droits d'auteur, est illégale.

Cette publication est conçue pour fournir des informations exactes et faisant autorité en ce qui concerne le sujet traité. Cette publication est vendue avec la condition implicite que ni l'auteur ni l'éditeur n'ont la capacité de prodiguer des conseils médicaux. Si des conseils ou une assistance médicale se déclarent nécessaires, vous êtes priés de consulter un médecin. Ce livre est considéré comme un guide et ne doit être utilisé en aucune façon nuisible à votre santé. Consultez un médecin avant de commencer ce plan nutritionnel pour vous assurer qu'il vous sera bénéfique.

REMERCIEMENTS

La réalisation et le succès de ce livre n'auraient pu être possibles sans le soutien et l'aide précieuse de ma famille.

48 Salades Hyperprotéiques pour les Bodybuilders:

Gagnez du Muscle et non pas de la Graisse, sans Lactosérum, sans Lait ou Suppléments de Protéines Synthétiques

Par

Joseph Correa

Nutritionniste Certifié des Sportifs

SOMMAIRE

Droits d'Auteur

Remerciements

À Propos de l'Auteur

Introduction

48 Salades Hyperprotéiques pour les Bodybuilders

Autres Grands Titres de cet Auteur

À PROPOS DE L'AUTEUR

En tant que nutritionniste certifié des sportifs et athlète professionnel, je crois fermement qu'une bonne nutrition vous aidera à atteindre vos objectifs plus rapidement et plus efficacement. Mes connaissances et mon expérience m'ont permis de vivre en meilleure santé tout au long des années et je l'ai partagé avec ma famille et mes amis. Plus vous en savez à propos de boire et vous nourrir plus sainement, et le plus tôt vous aurez envie de changer votre vie et vos habitudes alimentaires.

Réussir à contrôler votre poids est très important, car cela vous permettra d'améliorer tous les aspects de votre vie.

La nutrition est un élément clé dans le processus de se mettre en meilleure forme et c'est là tout le sujet de ce livre.

INTRODUCTION

48 Salades Hyperprotéiques pour les Bodybuilders, ce livre va vous aider à augmenter l'apport de protéines que vous consommez par jour pour vous aider à augmenter votre masse musculaire. Ces repas vous aideront à augmenter vos muscles d'une manière organisée en ajoutant une grande quantité de protéines saines à votre régime. Être trop occupé pour manger correctement peut devenir parfois un problème, c'est pourquoi ce livre va vous faire gagner du temps et vous aidera à nourrir votre corps pour atteindre les buts que vous recherchez. Assurez-vous que vous savez ce que vous mangez en préparant les repas vous-mêmes ou en les faisant préparer par quelqu'un pour vous.

Ce livre va vous aider à:

-Augmenter les Protéines Maigres.

-Gagner du muscle rapidement et naturellement.

-Améliorer la récupération musculaire.

-Manger des aliments délicieux.

-Avoir plus d'énergie.

-Accélérer naturellement votre métabolisme pour construire plus de muscles.

-Améliorer votre système digestif.

Joseph Correa est un nutritionniste certifié des sportifs et un athlète professionnel.

48 SALADES HYPERPROTEIQUES POUR LES BODYBUILDERS

1. Recette de salade au poulet

Ingrédients:

3 demi-poitrines de poulet désossées et sans peau

1 tasse de laitue découpée

5 tomates-cerises

2 grandes cuillères de crème pauvre en matières grasses

1 grande cuillère d'huile d'olive

1 petite cuillère de persil haché

1 grande cuillère d'huile de tournesol

1 petite cuillère de piment émincé

1 grande cuillère de jus de citron

Sel à votre goût

Préparation:

Coupez les poitrines de poulet en petits cubes. Mélangez l'huile de tournesol, le persil haché, le piment émincé et le jus de citron pour en faire une sauce marinade. Mettez les cubes de poulet dans un plat allant au four, aspergez-les avec la marinade pimentée et mettez-les au four à 350 degrés pendant 30 minutes. Sortez-les du four.

Pendant ce temps, mélangez les tomates-cerises avec la laitue découpée et la crème pauvre en matières grasses. Ajoutez-y les cubes de poulet et assaisonnez-les avec le sel et l'huile d'olive.

Valeurs nutritives pour une tasse:

Glucides 12.9g

Sucre 5.1g

Protéine 16.4 g

Total Lipides (bons lipides monoinsaturés) 9.9g

Sodium 114.2 mg

Potassium 83.2mg

Calcium 42.4mg

Fer 0.59mg

Vitamines (vitamine A; B-6; B-12; C; D; D2; D3; K; Riboflavine; Niacine; Thiamine; K)

Calories 81

2. Recette de salade au poivron rouge

Ingrédients:

1 tasse de poivrons rouges découpés

4 œufs

1 grande cuillère de maïs

1 petite tomate

1 grande cuillère d'huile d'olive

1 petite cuillère de vinaigre

Sel à votre goût

Préparation:

Faites bouillir les œufs environ 10 minutes. Enlevez-les de l'eau et laissez-les refroidir. Épluchez-les et découpez-les en petits cubes. Mélangez-les avec les autres ingrédients et assaisonnez-les avec l'huile d'olive, le vinaigre et le sel. Gardez-les au réfrigérateur pendant 20 minutes avant de servir.

Valeurs nutritives pour une tasse:

Glucides 13.1g

Sucre 4.8g

Protéine 17.2 g

Total Lipides (bons lipides monoinsaturés) 11.7g

Sodium 123.9 mg

Potassium 84mg

Calcium 42.2mg

Fer 0.35mg

Vitamines (vitamine A; B-6; B-12; C; D; D2; D3; K; Riboflavine; Niacine; Thiamine; K)

Calories 79

3. Recette de salade aux haricots

Ingrédients:

1 tasse d'haricots en boîte

1 tomate moyenne

1.5 Tasse de fromage blanc

1 petite cuillère de sauce à l'ail

1 grande cuillère d'huile de graines de lin

Sel et poivre à votre goût

Préparation:

Faites tremper les haricots dans de l'eau pendant 30 minutes. Retirez-les de l'eau, lavez-les et égouttez-les. Coupez la tomate en petits morceaux et mélangez-la avec les autres ingrédients. Assaisonnez avec le sel et le poivre. Servez froid.

Valeurs nutritives pour une tasse:

Glucides 13.1g

Sucre 6.9g

Protéine 16.7 g

Total Lipides (bons lipides monoinsaturés) 9.9g

Sodium 132.4 mg

Potassium 83.9mg

Calcium 43.1mg

Fer 0.79mg

Vitamines (vitamine A; B-6; B-12; C; D; D2; D3; K; Riboflavine; Niacine; Thiamine; K)

Calories 78

4. Recette de salade au fromage blanc

Ingrédients:

2 tasses de fromage blanc

2 grandes cuillères de crème pauvre en matières grasses

3 œufs bouillis

1 tasse de laitue découpée

1 tasse de concombre découpé

1 petite cuillère de menthe

1 grande cuillère d'huile d'amandes

Sel à votre goût

Préparation:

Écrasez l'œuf et mélangez-le avec le fromage blanc et la crème jusqu'à en faire une mixture onctueuse. Vous pouvez utiliser un mixeur électrique pour cela. Mélangez cette mixture avec la laitue découpée et le concombre, assaisonnez avec l'huile et le sel. Aspergez avec de la menthe par-dessus. Servez froid.

Valeurs nutritives pour une tasse:

Glucides 16.4g

Sucre 9.2g

Protéine 19.2 g

Total Lipides (bons lipides monoinsaturés) 13.9g

Sodium 146mg

Potassium 79mg

Calcium 51.1mg

Fer 0.67mg

Vitamines (vitamine A; B-6; B-12; C; D; D2; D3; K; Riboflavine; Niacine; Thiamine; K)

Calories 95

5. Recette de côtelettes d'agneau avec des poivrons

Ingrédients:

3 côtelettes fines d'agneau

2 poivrons verts découpés

1 tomate moyenne

½ tasse d'haricots verts en boîte

1 petit oignon

1 grande cuillère d'huile végétale

Sel et poivre à votre goût

Pour la marinade:

¼ tasse de vinaigre de vin rouge

¼ tasse de jus de citron

1 petite cuillère de poivre moulu

2 grandes cuillères d'huile végétale

Préparation:

Mélangez les ingrédients de la marinade dans un petit bol. Trempez-y les côtelettes d'agneau et placez-les dans le réfrigérateur environ 1 heure. Sortez-les du réfrigérateur faites-les frire dans une poêle à température moyenne, environ 15 minutes de chaque côté. Vous pouvez ajouter de l'eau pendant la cuisson (½ tasse devrait suffire). Enlevez-les de la poêle et découpez-les en petits cubes.

Lavez la tomate et coupez-la en fines tranches. Épluchez l'oignon et découpez-le. Mélangez-le avec les autres ingrédients, ajoutez-y les côtelettes et assaisonnez avec l'huile et le sel.

Valeurs nutritives pour une tasse:

Glucides 15.1 g

Sucre 7.7g

Protéine 17.8 g

Total Lipides (bons lipides monoinsaturés) 12.8g

Sodium 143.3 mg

Potassium 95.4mg

Calcium 49.6mg

Fer 0.44mg

Vitamines (vitamine A; B-6; B-12; C; D; D2; D3; K; Riboflavine; Niacine; Thiamine; K)

Calories 99

6. Recette de salade d'haricots verts épicés

Ingrédients:

½ tasse d'haricots verts en boîte

1 grosse tomate

1 tasse de radicchio découpés

2 tasses de thon en boîte, sans huile

1 grande cuillère de sauce tomate

1 petite cuillère de chili moulu

½ petite cuillère de poivre

½ petite cuillère de sauce Tabasco

1 grande cuillère d'huile d'olive

Sel à votre goût

Préparation:

D'abord vous devez préparer une sauce épicée. Mélangez la sauce tomate avec le chili moulu, le poivre et la sauce Tabasco jusqu'à obtenir une mixture onctueuse (vous pouvez ajouter quelques gouttes de jus de citron, mais c'est optionnel). Lavez et découpez la tomate, mélangez-la avec les autres ingrédients et la sauce épicée. Assaisonnez avec l'huile d'olive et le sel.

Valeurs nutritives pour une tasse:

Glucides 15.9g

Sucre 7.1g

Protéine 19.1 g

Total Lipides (bons lipides monoinsaturés) 12.1g

Sodium 167.2 mg

Potassium 73mg

Calcium 46.9mg

Fer 0.54mg

Vitamines (vitamine A; B-6; B-12; C; D; D2; D3; K; Riboflavine; Niacine; Thiamine; K)

Calories 87

7. Recette de salade d'œufs et d'oignons

Ingrédients:

2 oignons moyens

4 œufs bouillis

1 carotte râpée

1 tasse de jeunes épinards découpés

1 grande cuillère de gingembre fraîchement râpé

1 grande cuillère de jus de citron

1 grande cuillère d'huile d'olive

1 petite cuillère de curcuma moulu

Sel à votre goût

Préparation:

Épluchez et coupez les oignons. Salez-les et laissez-les reposer 15 à 20 minutes. Puis lavez-les et pressez-les, aspergez-les d'un peu de jus de citron et laissez-les. Pendant ce temps, faites bouillir les œufs environ 10 minutes, enlevez-les du feu, épluchez-les et découpez-les en petits cubes. Mélangez-les avec les jeunes épinards, la carotte râpée et le gingembre. Ajoutez-y les oignons et assaisonnez avec l'huile d'olive, le sel et le curcuma. Servez froid.

Valeurs nutritives pour une tasse:

Glucides 11.6g

Sucre 6.1g

Protéine 18.2 g

Total Lipides (bons lipides monoinsaturés) 8.7g

Sodium 167.9 mg

Potassium 88.1mg

Calcium 56.6mg

Fer 0.88mg

Vitamines (vitamine A; B-6; B-12; C; D; D2; D3; K; Riboflavine; Niacine; Thiamine; K)

Calories 7

8. Recette de salade de laitue épicée

Ingrédients:

1 tasse de laitue découpée

2 tasses de fromage blanc

½ tasse de maïs en boîte

2 piments Chili

1 petite cuillère de Chili moulu

1 grande cuillère de jus de citron

Sel à votre goût

Préparation:

Mélangez la laitue avec le fromage blanc et le maïs en boîte. Découpez le piment Chili en très petits morceaux et ajoutez-le au mélange. Mélangez le Chili moulu avec le jus de citron et versez sur le mélange. Salez à votre goût. Servez froid.

Valeurs nutritives pour une tasse:

Glucides 15.8g

Sucre 8.9g

Protéine 16.3 g

Total Lipides (bons lipides monoinsaturés) 11.9g

Sodium 185.3mg

Potassium 99.2mg

Calcium 48.9mg

Fer 0.56mg

Vitamines (vitamine A; B-6; B-12; C; D; D2; D3; K; Riboflavine; Niacine; Thiamine; K)

Calories 89

9. Recette de salade de chou rouge râpé

Ingrédients:

1 tasse de chou rouge râpé

½ tasse de carottes râpées

½ tasse de betterave râpée

1 tasse de tofu

3 grandes cuillères d'amandes émincées

1 grande cuillère d'extrait d'amandes

1 grande cuillère d'huile d'amandes

Sel à votre goût

Préparation:

Mélangez les légumes dans un grand bol. Ajoutez-y le tofu, les amandes émincées et l'extrait d'amandes. Assaisonnez avec l'huile d'amandes et le sel. Vous pouvez ajouter un peu de jus de citron ou de vinaigre, mais c'est optionnel.

Valeurs nutritives pour une tasse:

Glucides 13.9g

Sucre 6.1g

Protéine 17.2 g

Total Lipides (bons lipides monoinsaturés) 12.1g

Sodium 142.5 mg

Potassium 86.7mg

Calcium 46.9mg

Fer 0.58mg

Vitamines (vitamine A; B-6; B-12; C; D; D2; D3; K; Riboflavine; Niacine; Thiamine; K)

Calories 93

10. Recette de salade d'haricots et d'épinards

Ingrédients:

1 tasse d'haricots verts en boîte

1 tasse d'épinards hachés

2 boîtes de thon, sans huile

1 grande cuillère d'huile d'olive

1 petite cuillère de vinaigre de vin rouge

Sel à votre goût

1 grande cuillère de curcuma moulu

Préparation:

Mélangez les haricots verts avec les épinards hachés et le thon. Assaisonnez avec l'huile d'olive, le vinaigre et le sel. Ajoutez un peu de curcuma avant de servir.

Valeurs nutritives pour une tasse:

Glucides 15.9g

Sucre 7g

Protéine 19.9g

Total Lipides (bons lipides monoinsaturés) 13.9g

Sodium 124.7 mg

Potassium 86.9mg

Calcium 46.7mg

Fer 0.55mg

Vitamines (vitamine A; B-6; B-12; C; D; D2; D3; K; Riboflavine; Niacine; Thiamine; K)

Calories 81

11. Recette de salade de délice de poulet

Ingrédients:

2 tranches fines de poitrine de poulet, désossées et sans peau

1 gros oignon

1 gros poivron rouge

½ tasse de maïs en boîte

1 grande cuillère de crème pauvre en matières grasses

1 grande cuillère de curry

1 petite cuillère de sauce de curry

1 grande cuillère de jus de citron

Sel à votre goût

2 grandes cuillères d'huile pour frire

Préparation:

Découpez la poitrine de poulet en cubes de taille moyenne. Mélangez l'huile, le curry, la sauce de curry dans une grande casserole. Ajoutez-y les cubes de poulet et faites frire environ 25 minutes. Remuez bien et ajoutez la crème pauvre en matières grasses et le jus de citron. Enlevez du feu et laissez refroidir. Pendant ce temps, épluchez l'oignon et coupez-le en fines tranches. Mélangez-le avec le poivron découpé et le maïs en boîte. Ajoutez le poulet et mélangez bien. Salez à votre goût.

Valeurs nutritives pour une tasse:

Glucides 10.2g

Sucre 8.8g

Protéine 15.1 g

Total Lipides (bons lipides monoinsaturés) 9.6g

Sodium 143.4 mg

Potassium 91mg

Calcium 65.5mg

Fer 0.41mg

Vitamines (vitamine A; B-6; B-12; C; D; D2; D3; K; Riboflavine; Niacine; Thiamine; K)

Calories 87

12. Recette de salade légère de dinde

Ingrédients:

3 tranches fines de poitrine de dinde fumée

1 tasse de laitue

1 petite tomate

1 petit oignon

1 poivron rouge

1 grande cuillère de jus de citron

Sel à votre goût

Préparation:

Découpez les légumes en petits morceaux. Mélangez-les avec les tranches de poitrine de dinde et assaisonnez avec du sel et du jus de citron.

Valeurs nutritives pour une tasse:

Glucides 13.3g

Sucre 7.6g

Protéine 15.2 g

Total Lipides (bons lipides monoinsaturés) 9.7g

Sodium 124mg

Potassium 89mg

Calcium 41.6mg

Fer 0.39mg

Vitamines (vitamine A; B-6; B-12; C; D; D2; D3; K; Riboflavine; Niacine; Thiamine; K)

Calories 71

13. Recette de salade d'œufs et de crème blanche

Ingrédients:

4 œufs

2 tasses de fromage blanc

½ tasse de crème pauvre en matières grasses

1 grosse tomate

1 gros oignon

1 grande cuillère de noisettes émincées

1 grande cuillère de jus de citron

Sel à votre goût

Préparation:

Faites bouillir les œufs environ 10 minutes. Épluchez-les et découpez-le en 8 parts égales. Mélangez-les avec le reste des ingrédients et ajoutez le jus de citron et le sel. Mettez au réfrigérateur pendant environ 20 minutes avant de servir.

Valeurs nutritives pour une tasse:

Glucides 16.9g

Sucre 8.1g

Protéine 17.9 g

Total Lipides (bons lipides monoinsaturés) 9.9g

Sodium 132.8 mg

Potassium 91mg

Calcium 52.7mg

Fer 0.71mg

Vitamines (vitamine A; B-6; B-12; C; D; D2; D3; K; Riboflavine; Niacine; Thiamine; K)

Calories 92

14. Recette de salade d'omelette Espagnole

Ingrédients:

Pour l'omelette :

3 œufs

2 tasses de morceaux de poitrine de poulet sans peau

1 poivron rouge

1 petite cuillère de romarin sec moulu

Huile pour frire

¼ petite cuillère de poivre

Pour la salade :

1 tasse de laitue coupée

½ tasse de brocoli bouilli

1 tomate moyenne

¼ tasse d'olives

1 grande cuillère d'huile d'olive

1 grande cuillère de jus de citron

Sel

Préparation:

D'abord vous devez faire une omelette. Utilisez une grande casserole et versez-y de l'huile d'olive. Faites-y frire le poulet sur feu à température moyenne environ 15 à 20 minutes, jusqu'à ce que ce soit d'une jolie couleur brune dorée, en remuant constamment. Ajoutez-y le poivron rouge découpé et mélangez bien. Pendant ce temps, battez les œufs dans un bol et ajoutez-y le romarin. Mettez le mélange des œufs dans la casserole avec la viande et faites frire quelques minutes de plus. Enlevez du feu et laissez refroidir 10 minutes.

Mélangez la laitue, le brocoli bouilli et la tomate dans un grand bol. Ajoutez-y les olives et l'omelette, mélangez bien et assaisonnez avec l'huile d'olive et le jus de citron. Salez à votre goût.

Valeurs nutritives pour une tasse:

Glucides 20.5g

Sucre 10.9g

Protéine 22.4 g

Total Lipides (bons lipides monoinsaturés) 15.9g

Sodium 157.9mg

Potassium 112mg

Calcium 69.9mg

Fer 0.61mg

Vitamines (vitamine A; B-6; B-12; C; D; D2; D3; K; Riboflavine; Niacine; Thiamine; K)

Calories 127

15. Recette de salade de roquette

Ingrédients:

1 grosse tomate

1 petit oignon

1 grande cuillère d'ail moulu

1 tasse de roquette découpée

1 tasse de fromage blanc

1 grande cuillère de jus de citron

Sel et poivre à votre goût

Préparation:

Lavez et coupez les légumes. Mélangez les ingrédients dans un grand bol et assaisonnez avec le jus de citron, le sel et le poivre.

Vous pouvez ajouter un peu de piment, du curry, du curcuma ou du gingembre selon votre goût. C'est optionnel.

Valeurs nutritives pour une tasse:

Glucides 17.1g

Sucre 11.2g

Protéine 23.9 g

Total Lipides (bons lipides monoinsaturés) 16.5g

Sodium 127mg

Potassium 86mg

Calcium 46.9mg

Fer 0.39mg

Vitamines (vitamine A; B-6; B-12; C; D; D2; D3; K; Riboflavine; Niacine; Thiamine; K)

Calories 90

16. Recette de salade de pomme

Ingrédients:

1 grosse pomme

1 tasse d'épinards hachés

1.5 Tasse de crème pauvre en matières grasses

1 grande cuillère de jus de pomme

½ tasse de lentilles en boîte

1 petite cuillère de vinaigre de pomme

Préparation:

Lavez et épluchez la pomme. Coupez-la en fines tranches. Mettez les tranches de pomme dans un grand bol avec les autres ingrédients. Assaisonnez avec le vinaigre de pomme et servez froid.

Valeurs nutritives pour une tasse:

Glucides 19.7g

Sucre 13.8g

Protéine 21.2 g

Total Lipides (bons lipides monoinsaturés) 13.9g

Sodium 120.7 mg

Potassium 80.9mg

Calcium 49.3mg

Fer 0.33mg

Vitamines (vitamine A; B-6; B-12; C; D; D2; D3; K; Riboflavine; Niacine; Thiamine; K)

Calories 79

17. Recette de salade à la Méditerranéenne

Ingrédients:

3 filets de maquereaux sans arêtes

Huile pour frire

Sel

1 petite cuillère de romarin moulu

1 tasse de tomates-cerises

¼ tasse d'olives

1 petite cuillère d'ail moulu

1 petite cuillère de basilic moulu

2 grandes cuillères de jus de citron

Sel à votre goût

Préparation:

Aspergez les filets de maquereaux avec le romarin et faites frire dans une grande casserole à 350 degrés pendant 10 minutes de chaque côté, ou jusqu'à obtenir une jolie couleur brune dorée. Utilisez un papier de cuisine pour absorber l'excès d'huile. Laissez refroidir environ 15 minutes et découpez en cubes égaux.

Dans un grand bol, mélangez le poisson avec les autres ingrédients. Ajoutez-y l'ail, le basilic et le jus de citron. Salez à votre goût et servez chaud.

Valeurs nutritives pour une tasse:

Glucides 21.9g

Sucre 14.5g

Protéine 24.9g

Total Lipides (bons lipides monoinsaturés) 17.8g

Sodium 135.9 mg

Potassium 75.9mg

Calcium 47.9mg

Fer 0.82mg

Vitamines (vitamine A; B-6; B-12; C; D; D2; D3; K; Riboflavine; Niacine; Thiamine; K)

Calories 120

18. Recette de salade de thon et d'olives

Ingrédients:

2 tasses de thon en boîte sans huile

1 tasse de laitue découpée

1 petit oignon

½ tasse d'olives

¼ tasse de poivron rouge découpé

1 grande cuillère d'huile d'olive

Sel

1 grande cuillère de jus de citron

Préparation:

Épluchez l'oignon et coupez-le en petits morceaux. Mélangez-le avec le thon en boîte et la laitue découpée. Remuez bien. Ajoutez-y les olives et le poivron rouge découpé. Assaisonnez avec l'huile d'olive, le sel et le jus de citron. Mettez au réfrigérateur environ 20 à 30 minutes.

Valeurs nutritives pour une tasse:

Glucides 21.8g

Sucre 13.5g

Protéine 24.1 g

Total Lipides (bons lipides monoinsaturés) 11.9g

Sodium 129.5 mg

Potassium 72.8mg

Calcium 44.9mg

Fer 0.41mg

Vitamines (vitamine A; B-6; B-12; C; D; D2; D3; K; Riboflavine; Niacine; Thiamine; K)

Calories 118

19. Recette de salade de carotte

Ingrédients:

1 grande carotte râpée

2 tasses de Yogourt Grec

½ tasse de lentilles en boîte

1 tasse de laitue coupée

1 grande cuillère d'huile d'olive

1 petite cuillère de vinaigre de pomme

Sel à votre goût

Préparation:

Mélangez la carotte, le Yogourt Grec et les lentilles dans un bol. Mettez ce mélange au réfrigérateur au moins 1 heure. Enlevez du réfrigérateur et ajoutez la laitue découpée, l'huile d'olive et le vinaigre de pomme. Mélangez bien et servez. Salez à votre goût.

Valeurs nutritives pour une tasse:

Glucides 19.4g

Sucre 17.8g

Protéine 22.1 g

Total Lipides (bons lipides monoinsaturés) 18.9g

Sodium 131.9 mg

Potassium 89.6mg

Calcium 44.8mg

Fer 0.41mg

Vitamines (vitamine A; B-6; B-12; C; D; D2; D3; K; Riboflavine; Niacine; Thiamine; K)

Calories 82

20. Recette de salade de poulet avec des noix

Ingrédients:

3 tranches épaisses de poitrine de poulet désossée et sans peau

1 tasse de jeunes épinards

1 petite tomate

1 tasse de noix émincées

1 grande cuillère d'huile d'amandes

Sel à votre goût

Préparation:

Pour cette salade, vous devez faire cuire la viande de poulet. Utilisez une grande casserole et faites cuire la poitrine de poulet au moins 30 minutes à 350 degrés. Vous pourriez vouloir vérifier la cuisson avant de la servir. Utilisez une fourchette et piquez-la dans la viande pour voir si elle est assez tendre.

Enlevez de la casserole et découpez en cubes de grandeurs moyennes. Lavez les légumes et coupez-les, ajoutez-y les noix et la poitrine de poulet et mélangez bien. Assaisonnez avec l'huile d'amandes, le sel et les noix émincées.

Valeurs nutritives pour une tasse:

Glucides 25g

Sucre 11.4g

Protéine 28.9 g

Total Lipides (bons lipides monoinsaturés) 19.9g

Sodium 136.5 mg

Potassium 93.8mg

Calcium 51.9mg

Fer 0.39mg

Vitamines (vitamine A; B-6; B-12; C; D; D2; D3; K; Riboflavine; Niacine; Thiamine; K)

Calories 159

21. Recette de salade d'œufs et d'amandes

Ingrédients:

4 œufs bouillis

½ tasse d'amandes râpées

1 grand concombre coupé en petits cubes

1 tasse de tomates-cerises

1 tasse de Yogourt Grec

1 grande cuillère de jus de citron

1 grande cuillère d'huile de graines de lin

Sel à votre goût

Préparation:

Écrasez les œufs dans un grand bol avec une fourchette. Versez le Yogourt Grec dessus et mélangez bien. Ajoutez le concombre et les tomates-cerises et laissez refroidir au réfrigérateur au moins 30 minutes. Sortez du réfrigérateur, ajoutez les amandes râpées et assaisonnez avec le jus de citron, l'huile de graines de lin et le sel.

Valeurs nutritives pour une tasse:

Glucides 17.7g

Sucre 10.3g

Protéine 26.8g

Total Lipides (bons lipides monoinsaturés) 15.2g

Sodium 156.9mg

Potassium 92.8mg

Calcium 55.7mg

Fer 0.79mg

Vitamines (vitamine A; B-6; B-12; C; D; D2; D3; K; Riboflavine; Niacine; Thiamine; K)

Calories 135

22. Recette de salade de citron

Ingrédients:

1 tasse de laitue découpée

1 tasse de fromage blanc

¼ tasse de jus de citron

1 petite cuillère d'ail moulu

Sel à votre goût

Préparation:

Mélangez les ingrédients dans un grand bol. Mettez au réfrigérateur au moins 30 minutes. Vous pouvez ajouter un peu de poivre, c'est optionnel.

Valeurs nutritives pour une tasse:

Glucides 8.2g

Sucre 5.9g

Protéine 10.1 g

Total Lipides (bons lipides monoinsaturés) 7.6g

Sodium 131mg

Potassium 85mg

Calcium 45mg

Fer 0.34mg

Vitamines (vitamine A; B-6; B-12; C; D; D2; D3; K; Riboflavine; Niacine; Thiamine; K)

Calories 50

23. Recette de salade de jeunes épinards

Ingrédients:

1 tasse de jeunes épinards frais

1 tasse de noix hachées

¼ tasse de maïs doux en boîte

¼ tasse d'haricots cuisinés

1 petite cuillère d'huile de tournesol

Sel à votre goût

Préparation:

Mettez tous les ingrédients dans un grand bol. Mélangez bien et mettez au réfrigérateur pendant environ 30 minutes. Servez froid.

Valeurs nutritives pour une tasse:

Glucides 23g

Sucre 14.9g

Protéine 26.1 g

Total Lipides (bons lipides monoinsaturés) 11.6g

Sodium 167.9 mg

Potassium 92.8mg

Calcium 47.9mg

Fer 0.57mg

Vitamines (vitamine A; B-6; B-12; C; D; D2; D3; K; Riboflavine; Niacine; Thiamine; K)

Calories 111

24. Recette de salade de légumes mélangés

Ingrédients:

1 tomate moyenne

1 oignon moyen

1 tasse de laitue coupée

1 tasse d'épinards hachés

½ tasse de rucola haché

1 petit poivron rouge

½ tasse de chou râpé

1 tasse de fromage blanc

2 grandes cuillères d'huile de tournesol

1 grande cuillère de vinaigre de pomme

Sel à votre goût

Préparation:

Cette recette est très simple à préparer et prend environ 10 minutes. Tout ce que vous avez à faire est de mettre les légumes dans un grand bol et de bien les mélanger. Assaisonnez avec l'huile et le vinaigre. Salez à votre goût.

Valeurs nutritives pour une tasse:

Glucides 11.2g

Sucre 8.7g

Protéine 10.8 g

Total Lipides (bons lipides monoinsaturés) 6.8g

Sodium 156.3 mg

Potassium 91mg

Calcium 65.5mg

Fer 0.71mg

Vitamines (vitamine A; B-6; B-12; C; D; D2; D3; K; Riboflavine; Niacine; Thiamine; K)

Calories 50

25. Recette de menthe et de thon

Ingrédients:

2 tasses de thon en boîte

2 tomates moyennes

1 petit oignon

1 grande cuillère de menthe séchée

1 grande cuillère d'huile d'olive

1 grande cuillère de jus de citron

Sel à votre goût

Préparation:

Épluchez et découpez l'oignon et la tomate en fines tranches. Mélanger-les avec le thon et la menthe séchée. Ajoutez-y l'huile d'olive, le jus de citron et le sel. Mettez au réfrigérateur pendant environ 20 à 30 minutes.

Valeurs nutritives pour une tasse:

Glucides 17.5g

Sucre 10.1g

Protéine 27.4 g

Total Lipides (bons lipides monoinsaturés) 15.8g

Sodium 126.1 mg

Potassium 89mg

Calcium 44.1mg

Fer 0.39mg

Vitamines (vitamine A; B-6; B-12; C; D; D2; D3; K; Riboflavine; Niacine; Thiamine; K)

Calories 99

26. Recette de salade de Quinoa

Ingrédients:

1/3 tasse de quinoa

1 tasse de radis coupé

½ tasse de chou râpé

½ tasse de fromage Feta

Huile d'olive

Sel à votre goût

Préparation:

D'abord vous devez faire cuire le Quinoa. Pour cuire 1 tasse de Quinoa vous devez utiliser 2 tasses d'eau. Cela prend environ 20 minutes à basse température pour faire cuire le Quinoa. Enlevez du feu et égouttez. Laissez reposer un moment.

Mélangez le Quinoa avec le radis coupé et le chou râpé. Ajoutez-y le fromage Feta, l'huile d'olive et un peu de sel.

Valeurs nutritives pour une tasse:

Glucides 14.5g

Sucre 10.9g

Protéine 13.2 g

Total Lipides (bons lipides monoinsaturés) 11.6g

Sodium 131.8 mg

Potassium 89mg

Calcium 49.4mg

Fer 0.57mg

Vitamines (vitamine A; B-6; B-12; C; D; D2; D3; K; Riboflavine; Niacine; Thiamine; K)

Calories 69

27. Recette de salade de patate douce et de fromage

Ingrédients:

1 patate douce moyenne

1 gros oignon

1 tasse de fromage blanc

1 grande cuillère d'huile d'amandes

Sel

1 grande cuillère de persil haché

Préparation:

Épluchez la patate douce et découpez-la en tranches fines. Mettez-la dans de l'eau bouillante et faites-la cuire jusqu'à ce qu'elle devienne tendre. Enlevez du feu, égouttez et laissez refroidir.

Épluchez l'oignon et coupez-le en petits morceaux. Salez-le et laissez reposer 10 à 15 minutes. Lavez-le et mélangez-le avec le fromage blanc et les tranches de patate. Assaisonnez avec l'huile d'amandes, le sel et le persil haché.

Valeurs nutritives pour une tasse:

Glucides 18.1g

Sucre 13.3g

Protéine 21g

Total Lipides (bons lipides monoinsaturés) 14.9g

Sodium 139.7 mg

Potassium 84.3mg

Calcium 49.1mg

Fer 0.41mg

Vitamines (vitamine A; B-6; B-12; C; D; D2; D3; K; Riboflavine; Niacine; Thiamine; K)

Calories 103

28. Recette de salade de brocoli grillé

Ingrédients:

1 tasse de brocoli frais

Huile pour frire

1 petite cuillère de sauce de poivre vert

1 tasse de Yogourt Grec

1 petite cuillère d'extrait d'ail

1 grande cuillère de basilic moulu

Sel à votre goût

Préparation:

Pour cette recette vous aurez besoin d'une plaque à griller ou d'une poêle à griller. Aspergez un peu d'huile et faites frire le brocoli environ 20 minutes. Mélangez bien. Vous devez obtenir une belle couleur brune dorée de votre brocoli. Après environ 20 minutes, ajoutez 1 grande cuillère de sauce de poivre vert, mélangez bien et enlevez du feu.

Mélangez le brocoli grillé avec les autres ingrédients et ajoutez un peu de sel. Mettez au réfrigérateur pendant au moins 30 minutes avant de servir.

Valeurs nutritives pour une tasse:

Glucides 10.1g

Sucre 6.8g

Protéine 12.1 g

Total Lipides (bons lipides monoinsaturés) 8.5g

Sodium 124.1 mg

Potassium 85.2mg

Calcium 45.6mg

Fer 0.35mg

Vitamines (vitamine A; B-6; B-12; C; D; D2; D3; K; Riboflavine; Niacine; Thiamine; K)

Calories 50

29. Recette de salade de Fromage blanc avec garniture à la lime

Ingrédients:

2 tasses de fromage blanc

1 grand concombre

½ tasse de noix écrasées

¼ tasse de jus de lime

¼ tasse de crème pauvre en matières grasses

1 petite cuillère d'extrait de lime

1 grande cuillère d'huile d'olive

¼ petite cuillère de poivre

Préparation:

D'abord vous devez faire la garniture à la lime. Mélangez le jus de lime avec la crème pauvre en matières grasses, l'extrait de lime et l'huile d'olive. Ajoutez un peu de poivre (cette partie dépend de votre goût). Mélangez bien et laissez au réfrigérateur pendant environ 30 minutes. Épluchez le concombre et découpez-le en petits cubes et mélangez-le avec les noix écrasées et le fromage blanc. Versez la garniture sur votre salade et servez froid.

Valeurs nutritives pour une tasse:

Glucides 29g

Sucre 17.5g

Protéine 32.1 g

Total Lipides (bons lipides monoinsaturés) 21.3g

Sodium 145.4 mg

Potassium 87.3mg

Calcium 43.9mg

Fer 0.42mg

Vitamines (vitamine A; B-6; B-12; C; D; D2; D3; K; Riboflavine; Niacine; Thiamine; K)

Calories 131

30. Recette de salade de lentilles

Ingrédients:

1 tasse de lentilles en boîte

1 petite aubergine

¼ tasse de crème pauvre en matières grasses

¼ tasse de jus de citron

2 grandes cuillères d'huile d'olive

1 grande cuillère de persil haché

1 grosse tomate

1 petit oignon

Préparation:

Épluchez l'aubergine et lavez-la. Découpez-la en fines tranches et mélangez-la avec la crème pauvre en matières grasses, le jus de citron et l'huile d'olive. Utilisez un mixeur électrique ou un robot de cuisine pour obtenir une mousse onctueuse. Laissez refroidir au réfrigérateur pendant environ 30 minutes. Pendant ce temps, coupez les légumes en tranches fines. Mélangez avec les lentilles et la mousse d'aubergine. Aspergez d'un peu de persil et servez.

Valeurs nutritives pour une tasse:

Glucides 15.2g

Sucre 9.9g

Protéine 15.2 g

Total Lipides (bons lipides monoinsaturés) 10.6g

Sodium 133.8 mg

Potassium 91mg

Calcium 49.1mg

Fer 0.52mg

Vitamines (vitamine A; B-6; B-12; C; D; D2; D3; K; Riboflavine; Niacine; Thiamine; K)

Calories 77

31. Recette de salade de seitan et de curry

Ingrédients:

1 tasse de seitan blanc haché

1 tasse de laitue découpée

2 poivrons verts

1 grande cuillère de sauce au curry

1 petite cuillère de curry moulu

1 grande cuillère d'huile d'olive

Sel

Préparation:

Voici une autre recette de salade de protéine rapide. Mélangez la laitue avec le seitan blanc et les poivrons découpés. Ajoutez la sauce au curry, le curry moulu, l'huile d'olive et le sel et mélangez bien. Mettez au réfrigérateur pendant environ 1 heure avant de servir.

Valeurs nutritives pour une tasse:

Glucides 12.2g

Sucre 5.9g

Protéine 15.1 g

Total Lipides (bons lipides monoinsaturés) 10.6g

Sodium 141.8 mg

Potassium 89mg

Calcium 44.5mg

Fer 0.51mg

Vitamines (vitamine A; B-6; B-12; C; D; D2; D3; K; Riboflavine; Niacine; Thiamine; K)

Calories 60

32. Recette de salade de champignons

Ingrédients:

½ tasse de riz brun

2 tasses de champignons des bois frais

1 grande cuillère d'huile

1 grosse tomate

¼ tasse de persil frais

¼ tasse de jus de lime

Sel

Poivre

Préparation:

D'abord vous devez faire cuire le riz. Lavez-le et rincez-le et mettez-le dans une casserole avec une tasse d'eau. Remuez bien et amener à ébullition. Couvrez avec un couvercle et laissez cuire 15 minutes à feu doux. Enlevez du feu et laissez refroidir.

Maintenant vous devez préparer les champignons des bois. Lavez-les et coupez-les en morceaux égaux. Chauffez une poêle à basse température et mettez-y de l'huile. Ajoutez-y les champignons et remuez bien. Faites frire à basse température jusqu'à ce que les champignons soient tendres ou jusqu'à ce que toute l'eau soit évaporée. Enlevez de la poêle. Ajoutez du sel et mélangez avec le riz.

Découpez la tomate en cubes et mélangez tous les ingrédients avec le riz et les champignons. Assaisonnez avec le sel, le poivre et le jus de lime. Servez chaud.

Valeurs nutritives pour une tasse:

Glucides 18.6g

Sucre 11.3g

Protéine 21.9g

Total Lipides (bons lipides monoinsaturés) 14.2g

Sodium 153.3 mg

Potassium 89.8mg

Calcium 49.9mg

Fer 0.42mg

Vitamines (vitamine A; B-6; B-12; C; D; D2; D3; K; Riboflavine; Niacine; Thiamine; K)

Calories 79

33. Recette de salade de concombre et de Yogourt

Ingrédients:

1 grand concombre

1 petite cuillère d'ail moulu

1 tasse de Yogourt pauvre en matières grasses

1 grande cuillère de fromage blanc

Préparation:

Épluchez le concombre et découpez-le en tranches fines. Mélangez-le avec le Yogourt, le fromage blanc et l'ail. Mettez au réfrigérateur pendant au moins 30 minutes avant de servir. Vous pouvez ajouter un peu de sel, mais c'est optionnel.

Valeurs nutritives pour une tasse:

Glucides 10.2g

Sucre 7.9g

Protéine 11.2 g

Total Lipides (bons lipides monoinsaturés) 8.6g

Sodium 120.9 mg

Potassium 81mg

Calcium 44.5mg

Fer 0.51mg

Vitamines (vitamine A; B-6; B-12; C; D; D2; D3; K; Riboflavine; Niacine; Thiamine; K)

Calories 52

34. Salade de Printemps

Ingrédients:

1 tasse de jeunes épinards hachés

½ tasse de chou râpé

¼ tasse de maïs en boîte

1 tasse de Yogourt pauvre en matières grasses

1 grande cuillère de jus de lime

Préparation:

Mélangez le Yogourt pauvre en matières grasses avec le jus de lime, mélangez bien et mettez au réfrigérateur pendant 30 minutes.

Utilisez un grand bol pour mélanger les jeunes épinards, le chou râpé et le maïs avec la garniture de lime. Servez froid.

Valeurs nutritives pour une tasse:

Glucides 16.2g

Sucre 9.4g

Protéine 19.1 g

Total Lipides (bons lipides monoinsaturés) 13.9g

Sodium 144.5 mg

Potassium 86mg

Calcium 45.9mg

Fer 0.36mg

Vitamines (vitamine A; B-6; B-12; C; D; D2; D3; K; Riboflavine; Niacine; Thiamine; K)

Calories 79

35. Recette de salade de Yogourt Grec

Ingrédients:

3 grandes cuillères de Yogourt Grec

1 grande cuillère de fromage Parmesan

1 petite cuillère de moutarde

1 petite cuillère d'ail

1 tasse d'haricots verts en boîte

1 tasse de laitue découpée

1 grande cuillère d'huile d'olive

Sel

Préparation:

Utilisez un mixeur électrique pour mixer le Yogourt Grec avec le fromage Parmesan, l'ail et la moutarde pendant quelques minutes. Vous devez obtenir une mixture onctueuse. Laissez-la refroidir au réfrigérateur environ 30 minutes. Pendant ce temps, mélangez les haricots verts avec la laitue découpée et l'huile d'olive. Mélangez avec le Yogourt Grec et ajouter un peu de sel. Servez froid.

Valeurs nutritives pour une tasse:

Glucides 11.7g

Sucre 8.9g

Protéine 10.2 g

Total Lipides (bons lipides monoinsaturés) 11.6g

Sodium 133.2 mg

Potassium 84mg

Calcium 42.6mg

Fer 0.32mg

Vitamines (vitamine A; B-6; B-12; C; D; D2; D3; K; Riboflavine; Niacine; Thiamine; K)

Calories 55

36. Recette de salade de pois chiches

Ingrédients:

1 tasse de pois chiches en boîte, égouttés

1 petite tomate

1 petit oignon épluché

1 piment Chili fraîchement moulu

1 grande cuillère d'huile d'olive extra vierge

1/4 petite cuillère de sel de mer

1 petite cuillère de moutarde

Préparation:

Tranchez l'oignon et la tomate finement et mélangez-les avec le piment Chili moulu et les pois chiches. Mettez les légumes dans un grand bol et garnissez avec l'huile d'olive extra vierge, le sel de mer et la moutarde.

Valeurs nutritives pour une tasse:

Glucides 12.1g

Sucre 6.9g

Protéine 11.2 g

Total Lipides (bons lipides monoinsaturés) 11.8g

Sodium 123.4 mg

Potassium 86mg

Calcium 45.7mg

Fer 0.37mg

Vitamines (vitamine A; B-6; B-12; C; D; D2; D3; K; Riboflavine; Niacine; Thiamine; K)

Calories 69

37. Recette de salade de laitue et de Feta

Ingrédients:

1 tasse de laitue découpée

½ tasse de fromage Feta

½ tasse d'haricots rouges en boîte

1 petit oignon épluché

1 petite carotte râpée

1 grande cuillère d'huile d'olive

½ petite cuillère de sel de mer

1 grande cuillère de jus de citron

Préparation:

Découpez l'oignon en jolies tranches très fines. Salez-le et laissez-le reposer environ 5 à 10 minutes. Pendant ce temps, mélangez la laitue avec le fromage Feta et la carotte râpée.

Lavez les haricots et cuisinez-les pendant au moins 10 minutes, en remuant de temps en temps. Enlevez du feu et égouttez.

Mélangez les légumes dans un grand bol, ajoutez-y les haricots égouttés et aspergez avec l'huile d'olive et le jus de citron.

Valeurs nutritives pour une tasse:

Glucides 15.9g

Sucre 8.9g

Protéine 15.2 g

Total Lipides (bons lipides monoinsaturés) 10.6g

Sodium 151.2 mg

Potassium 91mg

Calcium 48.5mg

Fer 0.49mg

Vitamines (vitamine A; B-6; B-12; C; D; D2; D3; K; Riboflavine; Niacine; Thiamine; K)

Calories 70

38. Recette de salade d'amandes

Ingrédients:

1 grosse tomate

½ tasse de petits pois verts en boîte ou bouillis

¼ tasse d'amandes écrasées

1 petite cuillère de moutarde

1 grande cuillère d'huile d'olive

1 petite cuillère de vinaigre de pomme

Sel à votre goût

1 tasse de Yogourt pauvre en matières grasses

Préparation:

Tout d'abord, découpez bien votre tomate dans un grand bol. Ajoutez-y les petits pois verts et mélangez bien. Dans un autre bol, mettez le Yogourt pauvre en matières grasses avec le vinaigre de pomme, l'huile d'olive et la moutarde. Mélangez bien avec un mixeur électrique. Ajoutez les amandes écrasées et versez la tomate et les petits pois verts dessus. Salez à votre goût.

Valeurs nutritives pour une tasse:

Glucides 14.9g

Sucre 9.8g

Protéine 14.2 g

Total Lipides (bons lipides monoinsaturés) 11.6g

Sodium 163.8 mg

Potassium 89mg

Calcium 42.5mg

Fer 0.34mg

Vitamines (vitamine A; B-6; B-12; C; D; D2; D3; K; Riboflavine; Niacine; Thiamine; K)

Calories 71

39. Recette de salade d'haricots et d'épinards

Ingrédients:

1 tasse d'épinards hachés

½ tasse d'haricots verts en boîte

2 tasses de thon sans huile

1 petite cuillère de jus de lime

Sel

Préparation:

Mettez les haricots avec les épinards hachés et le thon dans un bol. Mélangez bien et assaisonnez avec le jus de lime et salez à votre goût. C'est une recette simple mais délicieuse et pleine de bonnes protéines.

Valeurs nutritives pour une tasse:

Glucides 24.9g

Sucre 17g

Protéine 31.9g

Total Lipides (bons lipides monoinsaturés) 15.4g

Sodium 125mg

Potassium 73.5mg

Calcium 48.2mg

Fer 0.37mg

Vitamines (vitamine A; B-6; B-12; C; D; D2; D3; K; Riboflavine; Niacine; Thiamine; K)

Calories 108

40. Recette de salade de carotte au curry

Ingrédients:

1 tasse de carottes fraiches râpées

¼ tasse d'oignons coupés en dés

¼ tasse de graines de tournesol

1 petite cuillère de poudre de curry

1 grande cuillère de crème pauvre en matières grasses

1 petite cuillère de vinaigre de pomme

½ petite cuillère de sel de mer

Préparation:

Dans un grand bol, mettez les carottes fraîches râpées avec les oignons coupés en dés et les graines de tournesol. Mélangez bien et mettez de côté. Battez ensemble la poudre de curry, la crème pauvre en matières grasses et le vinaigre de pomme. Versez la garniture de curry sur la salade et ajoutez du sel. Mettez au réfrigérateur durant toute la nuit.

Valeurs nutritives pour une tasse:

Glucides 14.2g

Sucre 8.9g

Protéine 10g

Total Lipides (bons lipides monoinsaturés) 9.6g

Sodium 122.2 mg

Potassium 81mg

Calcium 45.5mg

Fer 0.37mg

Vitamines (vitamine A; B-6; B-12; C; D; D2; D3; K; Riboflavine; Niacine; Thiamine; K)

Calories 55

41. Recette de salade de poulet à la garniture d'ail

Ingrédients:

3 poitrines de poulet épaisses sans peau

3 tasses d'eau

1 tomate moyenne

1 grand poivron vert

1 petite cuillère d'ail moulu

1 petite cuillère vinaigre de pomme

1 petite cuillère de moutarde

3 grandes cuillères de Yogourt Grec

1 petite cuillère d'huile d'olive

½ petite cuillère de sel de mer

Préparation:

Mettez les poitrines de poulet dans une casserole profonde. Ajoutez de l'eau et faites cuire à température moyenne pendant environ 30 minutes. Mettez de côté et laissez refroidir.

Dans un grand bol, découpez grossièrement la tomate et ajoutez-y du sel. Découpez finement le poivron vert et mélangez bien. Maintenant vous devez découper le poulet en petits cubes et le mélanger aux légumes.

Utilisez un mixeur électrique pour faire la garniture à l'ail. Mixer bien l'ail moulu, le vinaigre de pomme, la moutarde, le Yogourt Grec et l'huile d'olive. Versez cette garniture sur votre salade. Mettez au réfrigérateur pendant au moins 30 minutes avant de servir.

Valeurs nutritives pour une tasse:

Glucides 31g

Sucre 19.1g

Protéine 36.6g

Total Lipides (bons lipides monoinsaturés) 17.5g

Sodium 131.5mg

Potassium 84mg

Calcium 47.4mg

Fer 0.37mg

Vitamines (vitamine A; B-6; B-12; C; D; D2; D3; K; Riboflavine; Niacine; Thiamine; K)

Calories 142

42. Recette de salade d'haricots noirs et blancs

Ingrédients:

½ tasse d'haricots noirs en boîte

½ tasse d'haricots blancs en boîte

1 petit oignon

1 piment Chili

1 grande cuillère d'huile d'olive

1 petite cuillère de jus de citron

½ petite cuillère de sel de mer

Préparation:

Découpez finement l'oignon et le piment Chili. Dans un grand bol, mélangez-les avec les haricots et aspergez avec l'huile d'olive, le jus de citron et le sel. Servez froid.

Valeurs nutritives pour une tasse:

Glucides 15.2g

Sucre 5.9g

Protéine 14.4 g

Total Lipides (bons lipides monoinsaturés) 8.6g

Sodium 128 mg

Potassium 83mg

Calcium 41.5mg

Fer 0.33mg

Vitamines (vitamine A; B-6; B-12; C; D; D2; D3; K; Riboflavine; Niacine; Thiamine; K)

Calories 59

43. Recette de salade Grecque

Ingrédients:

2 tasses de Yogourt Grec

1 tasse de laitue finement découpée

½ tasse de jeunes épinards finement découpés

½ tasse de tomates-cerises

1 petite cuillère de basilic sec moulu

1 petite cuillère de vinaigre de pomme

1 grande cuillère d'huile d'olive

½ petite cuillère de sel de mer

Préparation:

Utilisez un mixeur électrique pour mixer le Yogourt Grec avec le vinaigre de pomme, le basilic et l'huile d'olive. Ajoutez un peu de sel à votre goût. Mettez cette garniture dans le réfrigérateur pendant environ 30 minutes.

Pendant ce temps, mettez les légumes dans un grand bol et versez la garniture dessus.

Valeurs nutritives pour une tasse:

Glucides 25.8g

Sucre 14.4g

Protéine 29.2 g

Total Lipides (bons lipides monoinsaturés) 18.1g

Sodium 129.3 mg

Potassium 87mg

Calcium 47.3mg

Fer 0.42mg

Vitamines (vitamine A; B-6; B-12; C; D; D2; D3; K; Riboflavine; Niacine; Thiamine; K)

Calories 89

44. Recette de salade de dinde et basilic

Ingrédients:

3 tranches de poitrine de dinde épaisses désossées

Huile pour frire

1 petit oignon

2 grandes cuillères de céleri découpé finement

4 grandes cuillères de crème pauvre en matières grasses

1 petite cuillère de vinaigre de pomme

¼ petite cuillère de piment Chili moulu

½ petite cuillère de sel

Préparation:

Utilisez une poêle à frire pour chauffer l'huile à 400 degrés. Lavez la viande et tamponnez-la avec un papier de cuisine pour la sécher. Émincez-la en bandelettes et mettez-la doucement dans la poêle à frire. Faites-la frire environ 15 minutes, en la retournant constamment. Enlevez du feu et laissez refroidir un peu.

Épluchez l'oignon et découpez-le finement. Dans un grand bol, mettez les bandelettes de dinde, l'oignon et le céleri découpé. Aspergez avec la crème pauvre en matières grasses, le vinaigre de pomme, le piment Chili moulu et le sel. Mélangez bien et servez.

Valeurs nutritives pour une tasse:

Glucides 28.4g

Sucre 17g

Protéine 35.5g

Total Lipides (bons lipides monoinsaturés) 19.4g

Sodium 155.1mg

Potassium 91mg

Calcium 54.4mg

Fer 0.43mg

Vitamines (vitamine A; B-6; B-12; C; D; D2; D3; K; Riboflavine; Niacine; Thiamine; K)

Calories 148

45. Recette de salade de tomates séchées

Ingrédients:

1 tasse de tomates séchées découpées

½ tasse de laitue

1 œuf bouilli

½ tasse de maïs

1 grande cuillère d'huile d'olive

1 petite cuillère de jus de lime

½ petite cuillère de sel

Préparation:

Épluchez l'œuf et découpez-le en tranches fines. Mettez-le dans un grand bol avec les tomates séchées, la laitue et le maïs. Aspergez avec l'huile d'olive, le jus de lime et le sel. Mélangez bien.

Valeurs nutritives pour une tasse:

Glucides 14.1g

Sucre 9.9g

Protéine 15.2 g

Total Lipides (bons lipides monoinsaturés) 11.6g

Sodium 132.2 mg

Potassium 81mg

Calcium 49.1mg

Fer 0.41mg

Vitamines (vitamine A; B-6; B-12; C; D; D2; D3; K; Riboflavine; Niacine; Thiamine; K)

Calories 60

46. Recette de salade d'amarante et de mangue

Ingrédients:

1/3 tasse d'amarante

1 tasse d'eau

½ tasse de mangue découpée

1 tasse de tomates-cerises

1 petite cuillère de romarin sec, découpé

1 petite cuillère d'huile de noix de coco

Préparation:

Dans une grande casserole, amener l'eau au point d'ébullition. Réduisez la chaleur et ajoutez-y l'amarante. Faites cuire pendant 20 à 25 minutes, en remuant constamment, jusqu'à ce que toute l'eau soit absorbée. Enlevez du feu et égouttez.

Découpez les tomates-cerises en moitiés. Mettez-les avec la mangue et l'amarante et mélangez bien. Aspergez avec le romarin découpé et l'huile de noix de coco.

Valeurs nutritives pour une tasse:

Glucides 15.5g

Sucre 10.9g

Protéine 15.2 g

Total Lipides (bons lipides monoinsaturés) 10.6g

Sodium 142.2 mg

Potassium 91mg

Calcium 51.5mg

Fer 0.41mg

Vitamines (vitamine A; B-6; B-12; C; D; D2; D3; K; Riboflavine; Niacine; Thiamine; K)

Calories 71

47. Recette de salade de brocoli et de fromage blanc

Ingrédients:

1 tasse de brocoli frais

1 tasse de fromage blanc

1 tasse de jeunes épinards découpés finement

1 tasse de Yogourt pauvre en matières grasses

1 pomme de terre moyenne cuite

1 petite cuillère de romarin sec

Sel à votre goût

Poivre

Préparation:

Mélangez le brocoli frais, le fromage blanc, les jeunes épinards et le Yogourt pauvre en matières grasses dans un mixeur pendant 2 à 3 minutes. Laissez refroidir dans le réfrigérateur pendant 15 à 20 minutes.

Pendant ce temps, découpez la pomme de terre en tranches fines. Tranchez l'oignon finement et placez-le sur les tranches de pomme de terre. Aspergez avec la mixture de brocoli et assaisonnez avec le romarin, le sel et le poivre.

Valeurs nutritives pour une tasse:

Glucides 15.1g

Sucre 8.9g

Protéine 14.2 g

Total Lipides (bons lipides monoinsaturés) 11.6g

Sodium 123.4 mg

Potassium 81mg

Calcium 43.5mg

Fer 0.34mg

Vitamines (vitamine A; B-6; B-12; C; D; D2; D3; K; Riboflavine; Niacine; Thiamine; K)

Calories 67

48. Recette de salade d'avocat

Ingrédients:

1 tasse d'avocat découpé

1 tasse de fromage blanc

1 tasse de crème pauvre en matières grasses

1 tasse de tomates-cerises

1 grande cuillère d'huile d'olive

½ petite cuillère de sel de mer

Préparation:

Mélangez les ingrédients dans un grand bol. Aspergez avec l'huile d'olive et le sel de mer. Laissez refroidir dans le réfrigérateur pendant 30 minutes avant de servir.

Valeurs nutritives pour une tasse:

Glucides 10.2g

Sucre 7.9g

Protéine 12.2 g

Total Lipides (bons lipides monoinsaturés) 7.4g

Sodium 123.8 mg

Potassium 85mg

Calcium 45.1mg

Fer 0.33mg

Vitamines (vitamine A; B-6; B-12; C; D; D2; D3; K; Riboflavine; Niacine; Thiamine; K)

Calories 53

Autres Grands Titres de cet Auteur

www.ingramcontent.com/pod-product-compliance
Lightning Source LLC
Chambersburg PA
CBHW071742080526
44588CB00013B/2122